W0055501

Sandra Misch

Pailletten

Glitzernde
Gestaltungsideen

ENGLISCH VERLAG

Die Deutsche Bibliothek – CIP-Einheitsaufnahme
Pailletten: Glitzernde Gestaltungsideen / Sandra Misch – Wiesbaden: Englisch, 1998
ISBN 3-8241-0799-6

© by Englisch Verlag GmbH, Wiesbaden 1998
ISBN 3-8241-0799-6

Alle Rechte vorbehalten. Nachdruck, auch auszugsweise, verboten.
Fotos: Frank Schuppelius
Printed in Spain

Die Ratschläge in diesem Buch sind von Autorin und Verlag sorgfältig erwogen und geprüft, dennoch kann eine Garantie nicht übernommen werden. Eine Haftung der Autorin bzw. des Verlages und seiner Beauftragten für Personen-, Sach- und Vermögensschäden ist ausgeschlossen. Eine gewerbliche Nutzung der Vorlagen und Abbildungen ist verboten und nur mit ausdrücklicher Genehmigung des Verlages gestattet.

INHALTSVERZEICHNIS

4

VORWORT

Styropor ist heutzutage nicht mehr nur Isolierstoff und Verpackungsmaterial. Es gibt unzählige Formen und Figuren in verschiedenen Größen und mit unterschiedlicher Gestaltung. In diesem Buch finden Sie neue Ideen, wie Sie diese Styroporfiguren und -formen mit Pailletten, die in sehr vielen unterschiedlichen Farben und Ausführungen im Handel erhältlich sind, dekorieren können. Die Farbkombination und das vorgegebene Muster kann natürlich individuell nach Ihrem Geschmack gestaltet werden. Sie werden bald feststellen, mit wieviel Freude und Liebe Sie ans Werk gehen. Je weiter Sie mit Ihrem „Kunstwerk" kommen, umso mehr werden Sie Spaß daran haben.

Verschönern Sie mit Ihrem Modell Ihre Wohnung oder Ihr Haus und die Anerkennung und das Lob von Familie, Freunden und Bekannten wird groß sein. Vor allem die Kinderaugen werden strahlen bei den glitzernden Pailletten. Lassen Sie sich nicht entmutigen durch die vielen Nadelköpfe oder dass es so viel „Arbeit" sei, denn Sie werden feststellen, die Zeit vergeht wie im Fluge und das Stecken der Pailletten ist gar nicht schwierig. An dieser Stelle möchte ich mich recht herzlich für die Erstellung der Modelle Kuh und Ente bei Sabine Wilms und der Modelle Eule, Pinguin und Seehund bei Iris Ohrem, die mir auch bei der Textverarbeitung mit dem PC behilflich war, bedanken. Und nun wünsche ich Ihnen riesengroßen Spaß und viel Erfolg in der Glitzerwelt der Pailletten.

Sandra Misch

MATERIALIEN

Zum Nacharbeiten der in diesem Buch vorgestellten Motive benötigen Sie folgende Materialien:

- *Styroporfiguren und -formen*
- *Pailletten*

Im Handel sind die verschiedensten Pailletten erhältlich. Es gibt z.B. Stern-Pailletten, runde glatte und runde gewölbte Pailletten. Die ungefähre Anzahl und welche Sorte Sie benötigen, finden Sie bei den einzelnen Motiven.

- *Stecknadeln*

Stecknadeln gibt es in den Farben Gold und Silber und in unterschiedlichen Längen.

- *Wackelaugen in verschiedenen Formen und Größen*
- *Filz*
- *Bastelkleber (für Styropor geeignet)*

ALLGEMEINE ARBEITSHINWEISE

Stecknadeln

Zur Befestigung der Pailletten benötigen Sie Stecknadeln. Diese sind in Gold und Silber erhältlich. Die Länge der Stecknadeln beträgt 10 mm oder 18 mm.

Die kürzeren empfehle ich bei Styroporformen, die sehr dünn sind, z.B. hat die Maus dünne Ohren und kleine Pfoten. Zur Vermeidung des Durchstechens nehmen Sie ebenfalls die 10 mm langen Nadeln.

Ansonsten können Sie die 18 mm langen Nadeln verwenden.

Die silbernen Nadeln empfehle ich Ihnen bei „kühlen Farben" (Blau, Weiß, Silber, Rosa und Schwarz). Die goldenen Nadeln nehmen Sie bei „warmen Farben" (Gold, Rot, Grün, Braun usw.), um eine warme Ausstrahlung der Nadelköpfe auf die Pailletten zu erzielen.

Steckarten

Beim Stecken ist zu beachten, dass die Pailletten mit gleichmäßigen Abständen aufliegen, sodass die Styroporschicht

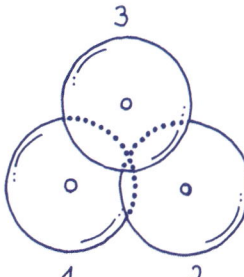

nicht mehr sichtbar ist. Jede Paillette liegt zwischen den zwei darunter liegenden Pailletten (s. Zeichnung).

Jede Styroporfigur und -form hat eine Pressnaht. Diese Naht ist unsere sogenannte Hilfslinie. Sie verhindert das „schiefe" Ansetzen der Pailletten. Um sich das Stecken von schwierigeren Mustern zu erleichtern, können Sie sich mit Kugelschreiber Hilfslinien aufmalen, z.B. beim Papagei.

Es gibt verschiedene Steckarten, die Sie ausprobieren können. Bleiben Sie aber bei einer Figur bei derselben Art, damit sich die optische Struktur nicht verändert.

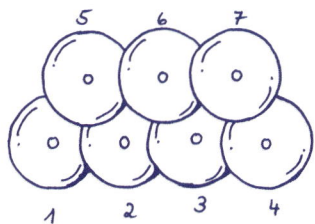

Stecken Sie waagerecht Reihe für Reihe, wirkt es schnell wie ein Strickmuster, was möglichst vermieden werden sollte.

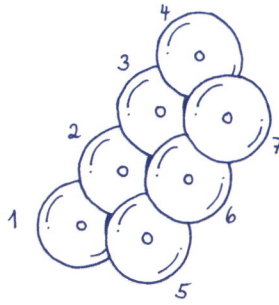

Am schönsten wirkt Ihr Modell, wenn Sie die Pailletten diagonal auflegen, sodass der strenge Steckablauf nicht mehr sichtbar ist. Dies ist für mich die „goldene Regel", die ich Ihnen gern ans Herz legen möchte.

Je enger Sie stecken, umso enger wirkt die Pailletten-Struktur, gleichzeitig benötigen Sie mehr Pailletten. Je weiter auseinander Sie stecken, desto lockerer fällt die Struktur und vor allem kommt der Glanz besser zum Vorschein.

Filz

Um dem Motiv einen schönen und sauberen Abschluss zu verleihen, verwenden Sie bei Figuren, die eine flache Standfläche haben, Bastelfilz. Hierfür benötigen Sie keinen Klebstoff. Es genügt, den Filz straff aufzulegen und am Rand mit Pailletten zu befestigen.

Wackelaugen

Diese befestigen Sie am besten mit Bastelkleber, der für Styropor geeignet ist. Bitte verwenden Sie auf keinen Fall Sekundenkleber, da dieser unansehnliche Löcher in das Styropor „frisst".

HERZEN

Diese Herzen sind in kurzer Zeit erstellt, sodass Sie zu jedem kleineren oder größeren Anlass ein Mitbringsel haben.

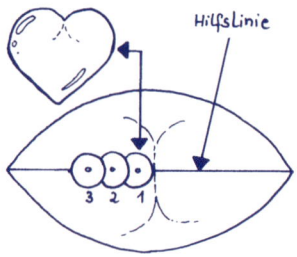

Material

- *Styropor-Herzen, 6 cm bzw. 9 cm*
- *ca. 700 rote Magic-Pailletten, 6 mm Ø*
- *ca. 350 blaue Magic-Pailletten, 6 mm Ø*

Anleitung

Betrachten Sie die Styroporherzen von der Seite, werden Sie feststellen, dass ringsherum um das Herz unsere Hilfslinie verläuft. Oben auf der Naht beginnen Sie mit dem Stecken.

Haben Sie die erste Reihe fertig, setzen Sie mit der nächsten, übernächsten usw. Reihe fort und überlappen die vorhergehende Reihe solange, bis Sie in der Herzmitte angelangt sind. Das Einarbeiten der blauen Pailletten beginnen Sie ab der dritten Reihe, danach stecken Sie mit den roten Pailletten weiter. Die andere Hälfte des Herzens bearbeiten Sie genauso.

8

FACETTENKUGEL

Material

- *Styropor-Facettenkugel*
- *ca. 150 gewölbte blaue Pailletten, 6 mm Ø*
- *ca. 150 gewölbte grüne Pailletten, 6 mm Ø*
- *ca. 150 gewölbte rote Pailletten, 6 mm Ø*
- *ca. 150 gewölbte goldene Pailletten, 6 mm Ø*

Anleitung

Das Stecken beginnen Sie mit den blauen Pailletten mittig der Facettenkugel senkrecht von unten nach oben. Das bedeutet, Sie überlappen die unteren Pailletten mit den oberen. Nun setzen Sie mit den nächsten Reihen fort, und zwar von rechts nach links bis zur Kante. Da sich das Muster zur Kante hin schmälert, nehmen Sie oben und unten je zwei Pailletten weniger. Den gleichen Arbeitsvorgang, aber in entgegengesetzter Richtung von links nach rechts, setzen Sie fort, bis Sie die erste Facette vollständig bedeckt haben.

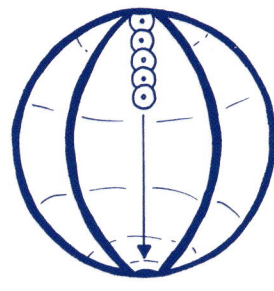

Bei der zweiten Facette gehen Sie vor wie eben beschrieben. Verwenden Sie grüne Pailletten.

Die dritte Facette bestücken Sie mit roten Pailletten.

Haben Sie alle Facetten hübsch verziert, legen Sie zum Schluss auf alle Kanten goldfarbene Pailletten zur besseren optischen Vorhebung der einzelnen bunten Farben.

9

VOGEL

Material

- kleiner Styropor-Vogel
- ca. 350 blaue Magic-Pailletten, 6 mm Ø
- ca. 20 rote Magic-Pailletten, 6 mm Ø
- ca. 70 grüne Magic-Pailletten, 6 mm Ø
- ca. 50 gelbe Magic-Pailletten, 6 mm Ø
- ca. 200 schwarze Magic-Pailletten, 6 mm Ø (wirken silberfarben)
- Wackelaugen, 8 mm Ø

Anleitung

Beginnen Sie oberhalb des Schnabels zuerst mit 4 blauen Magic-Pailletten. Diese setzen Sie waagerecht Reihe für Reihe. Auf dem Rücken nehmen Sie auf jeder Seite je 2 Pailletten zu, dann 4 usw., um einen breiten Streifen zu erzielen. Zur Schwanzspitze hin nehmen Sie in gleichem Maße ab.

Den winzigen Schnabel verzieren Sie mit roten Magic-Pailletten. Oberhalb der Augen beginnen Sie einreihig einen Streifen aus grünen Magic-Pailletten und führen ihn weiter bis zur Schwanzspitze. Darunter stecken Sie 4 gelbe und noch mal 2 blaue Magic-Pailletten.

Bei dem Flügel achten Sie darauf, dass das Federkleid der Natur nachgeahmt wird, indem Sie die zierlichen Streifen übereinander lappen lassen. Beginnen Sie zuerst mit einer blauen Paillette, dann folgen 2 gelbe, 2 grüne und wiederum 2 gelbe. In der zweiten Reihe nehmen Sie blaue Pailletten, in der dritten schwarze und in der vierten Reihe verwenden Sie wieder blaue Magic-Pailletten.

Für die Brust und unterhalb bzw. oberhalb der Flügel sowie für die übrigen freien Stellen verwenden Sie schwarze Magic-Pailletten.

KATZE

Material

- kleine Styropor-Katze
- ca. 150 weiße Pailletten, 8 mm Ø
- ca. 500 schwarze Pailletten, 8 mm Ø
- ca. 20 rosafarbene Magic-Pailletten, 6 mm Ø
- kleine grüne Katzenaugen
- kleine Katzennase
- dünne Nylonschnur

Anleitung

Bei der Katze arbeiten Sie mit verschiedenen Farben, deshalb empfehle ich Ihnen, mit dem Vorzeichnen im Gesicht und am Hals zu beginnen.

Die erste weiße Paillette stecken Sie seitlich in die Brust (siehe Zeichnung) und dann weiter diagonal von unten nach oben, bis das „Lätzchen" bedeckt ist. Die Mitte der Stirn bedecken Sie zweireihig mit weißen Pailletten und weiter in einem leichten Bogen um die Augen herum. Nun stecken Sie Reihe für Reihe, diesmal aber von oben nach unten, um eine Art „Aufplustern" anzudeuten.

Die Innenohren, das Mäulchen und die Krallen werden mit den rosafarbenen Magic-Pailletten bestückt.

Zuletzt arbeiten Sie mit den schwarzen Pailletten. Umranden Sie die Augen und arbeiten Sie dann weiter bogenweise hoch bis zu den Ohren.

Am Hinterkopf beginnen Sie wieder diagonal von unten nach oben. Bestücken Sie den Schwanz zweireihig mit Pailletten und stecken Sie an den Pfoten die Pailletten senkrecht. Auf dem Rückenteil ordnen Sie die Pailletten wieder diagonal von unten nach oben an. Zum Schluss kleben Sie die grünen Katzenaugen und die Nase auf.

Für die Schnurrbarthaare verwenden Sie dünne Nylonschnur. Schneiden Sie acht gleichmäßige Stücke zu je 7 cm Länge ab und schieben Sie diese links und rechts der Nase in den noch feuchten Kleber.

Nun dürfte die Katze vor lauter Freude zu schnurren beginnen.

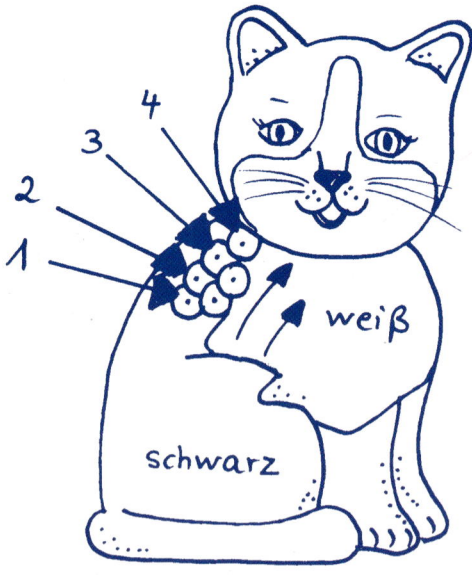

KUH

Material
- Styropor-Kuh
- ca. 3000 weiße Pailletten, 6 mm Ø
- ca. 1000 schwarze Pailletten, 6 mm Ø
- ca. 70 gewölbte rosafarbene Pailletten, 6 mm Ø
- ovale Wackelaugen, 10 x 15 mm

Anleitung

Markieren Sie die Flecken auf der Kuh dort, wo sie später mit schwarzen Pailletten bedeckt werden sollen. Umranden Sie den ersten Fleck mit schwarzen Pailletten und setzen Sie dies rundenweise zum Inneren fort, bis der Fleck vollständig bedeckt ist. Diesen Arbeitsvorgang wiederholen Sie bei den anderen Flecken. Als nächstes umranden Sie das linke Auge, das rechte Ohr, die Schnauze und die Stirn. Nun besetzen Sie die Innenohren mit rosafarbenen Pailletten. Bringen Sie weitere an der Schnauze an, die als Nasenlöcher dienen. Zuletzt bearbeiten Sie das Euter. Hier stecken Sie Reihe für Reihe und verlängern dann 4-mal mit je 2 Pailletten für die 4 Zitzen. Den Rest der Kuh bedecken Sie mit weißen Pailletten, indem Sie alle schwarzen Flecken solange umranden, bis Sie jeweils mit den weißen Pailletten aneinander gelangen. Zum Schluss kleben Sie die Augen fest und nun ist die Kuh fertig.

EULE

Diese Eule ist ein originelles Geschenk für jemanden, der sehr belesen ist oder gerade seine Doktorarbeit geschrieben hat.

Material
- *Styropor-Eule*
- *ca. 400 weiße Pailletten, 8 mm Ø*
- *ca. 500 schwarze Pailletten, 8 mm Ø*
- *ca. 500 braune Pailletten, 8 mm Ø*
- *Katzenaugen, 10 mm Ø*
- *schwarzer Pfeifenputzer*

Anleitung
Zuerst umranden Sie die Augen mit weißen Pailletten, in der nächsten Reihe mit schwarzen und dann erneut mit weißen senkrecht hoch bis zu den Ohrenspitzen. Anschließend stecken Sie den Schnabel.

Am Bauch achten Sie darauf, dass das Federkleid der Natur nachgeahmt wird. Also stecken Sie die Pailletten von unten nach oben, d.h. die oberen überlappen die unteren.

Sie beginnen rechts unter dem Flügel Reihe für Reihe den Bauch zu stecken. Diesmal fällt unser sogenanntes „Strickmuster" nicht auf, weil Sie abwechselnd mit schwarzen, weißen und braunen Pailletten arbeiten. Für die Füße nehmen Sie schwarze Pailletten.

Das gleiche Muster übernehmen Sie für den Rücken. Dort beginnen Sie an der Schwanzspitze und stecken hoch über den Kopf bis zu den Augenbrauen. Die Flügel bedecken Sie streifenweise im Wechsel mit schwarzen und braunen Pailletten.

Um die Ohrenspitzen legen Sie zwei jeweils 5 cm lange schwarze Pfeifenputzer und kleben die Augen mit Styroporkleber an.

MOND IN REGENBOGENFARBEN

Material
- Styropor-Mond
- ca. 500 goldene Stern-Pailletten, 8 mm ⌀
- ca. 500 rote Stern-Pailletten, 8 mm ⌀
- ca. 500 lilafarbene Stern-Pailletten, 8 mm ⌀
- ca. 500 blaue Stern-Pailletten, 8 mm ⌀
- ca. 500 grüne Stern-Pailletten, 8 mm ⌀
- ovale Wackelaugen, 15 x 20 mm

Anleitung

Auf dem Rücken des Mondes ist eine Naht zu sehen, die von der oberen Spitze entlang dem Rücken bis zur unteren Spitze verläuft. Diese Linie ist unsere Hilfslinie.

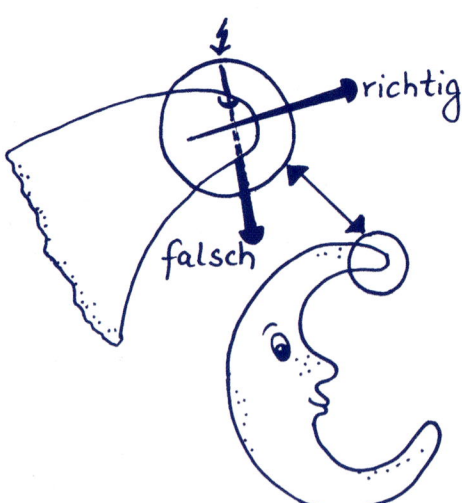

Von der oberen Spitze des Mondes stecken Sie die roten Pailletten entlang dieser Linie nach unten. Von der ersten bis zur fünften Paillette stecken Sie die Nadeln schräg in Richtung des größeren Volumens des Mondes, da die Nadeln sonst auf der anderen Seite zum Vorschein kommen.

Ab der 6. Paillette können Sie die Nadeln problemlos senkrecht in den Mond „pieksen". Sind Sie mit der ersten Reihe fertig, arbeiten Sie in der zweiten Reihe mit der Farbe Lila, dann mit Blau, Grün und Gold. Nun wiederholen Sie die Farbfolge mit Rot und enden mit Gold wie eben beschrieben solange, bis Sie eine Hälfte des Mondes mit Pailletten bedeckt haben. Den gleichen Arbeitsvorgang wiederholen Sie für die andere Hälfte des Mondes, beginnen aber mit den goldfarbenen Pailletten, dann Grün, Blau, Lila, Rot und wieder Gold.

Den Mund stecken Sie ganz in Rot. An den Augenpartien lassen Sie zwei kleine Löcher frei, um später mit Bastelkleber die Wackelaugen ankleben zu können. Nun kann der Mond in seiner ganzen Farbenpracht scheinen.

MAUS

Material

- Styropor-Maus
- ca. 30 weiße Pailletten, 8 mm Ø
- ca. 100 schwarze Pailletten, 8 mm Ø
- ca. 250 silberne Pailletten, 8 mm Ø
- ca. 100 braune Pailletten, 8 mm Ø
- runde Wackelaugen, 10 mm Ø
- schwarzer Pfeifenputzer
- kleine Mausnase
- kleiner Zylinder

Anleitung

Für die Innenohren verwenden Sie zuerst je 3 weiße Pailletten, dann kommt obenauf eine schwarze, die als Ohrloch dient. Hierfür verwenden Sie die kürzeren Nadeln, damit Sie durch die dünnen Öhrchen nicht versehentlich durchstechen. Nun umranden Sie die Augen mit silbernen Pailletten, umranden dann wieder die erste Reihe usw., bis das Gesicht, der Hinterkopf und die Ohren bedeckt sind. Anschließend bestücken Sie mit der gleichen Farbe die Pfoten.

Auf der Bauchmitte legen Sie um die eine schwarze Paillette zweireihig weiße Pailletten an. Dann folgen wieder die silbernen Pailletten, die auch den Hals bedecken.

Nun beginnen Sie am hinteren Hals mit schwarzen Pailletten senkrecht Reihe für Reihe bis zur Gürtellinie, bis die Weste fertig ist. Dann folgt die gestreifte Hose, die Sie abwechselnd mit braunen und schwarzen Pailletten bestecken. Für die Füße nehmen Sie wieder schwarze Pailletten.

Nicht zu vergessen ist der Schwanz! Am Schwanzanfang stecken Sie zweireihig silberne Pailletten parallel hoch bis zur Spitze, zuletzt nur noch zwei einzelne Pailletten.

Aus dem schwarzen Pfeifenputzer drehen Sie der Maus einen lustigen Schnurrbart. Zum Schluss befestigen Sie die Augen, die Nase und den Hut mit Bastelkleber.

Na, sehe ich nicht aus wie Charlie Chaplin?

Tipp

Wenn Sie einen Spazierstock aus Pfeifenputzer biegen, wird die Maus Charlie Chaplin noch ähnlicher.

PINGUIN

Material
- Styropor-Pinguin
- ca. 200 gewölbte silberne Pailletten, 6 mm ∅
- ca. 2000 gewölbte irisierend schwarze Pailletten, 6 mm ∅
- runde Wackelaugen, 10 mm ∅
- lilafarbener Pfeifenputzer
- 20 cm lilafarbenes Band für die Schleife
- weißer Bastelfilz

Anleitung

Beginnen Sie mit dem Vorzeichnen des Bauchbereichs und der beiden Innenflügel, die mit weißem Bastelfilz bedeckt werden. Schneiden Sie den Filz so, dass er etwa 5 mm größer ist als die vorgezeichnete Fläche. Befestigen Sie nun den Filz provisorisch mit einigen Nadeln, bis er straff aufliegt. Anschließend können Sie den Filz rundherum mit Pailletten feststecken.
Bei dem Pinguin empfehle ich für die

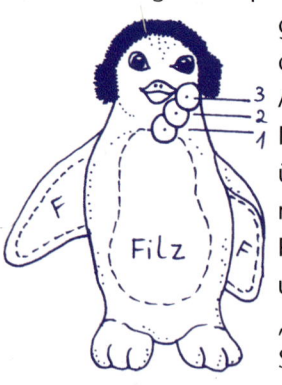

gesamte Fläche das diagonale Ansetzen der Pailletten, da Sie überwiegend mit der gleichen Farbe arbeiten und so eine fast „nahtlose" Struktur erzielen.

Beginnen Sie unter dem Schnabel mit den dunklen Pailletten (siehe Zeichnung) von unten nach oben schräg überlappend. Automatisch ziehen Sie das Muster über den Kopf hinweg bis zum Halsrand. Als nächstes fangen Sie unterhalb des Bauches an. Stecken Sie die Pailletten bis zur Naht, die seitlich am Pinguin erkennbar ist. Sie ziehen das Muster um den Bauch herum hoch bis zum Hals. Das gleiche wiederholen Sie auf der anderen Bauchhälfte, aber stecken Sie hier in die entgegengesetzte

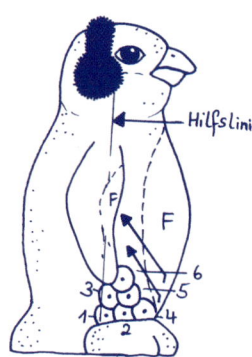

Richtung (siehe Zeichnung).
Nun folgt der Rücken des Pinguins. Beginnen Sie links unten am Fuß und setzen Sie die Pailletten diagonal über den ganzen Rücken. An den Flügeln führen Sie die Reihe der Pailletten fort, sodass Sie automatisch den Filz befestigen.
Zum Schluss bestücken Sie die Füße und den Schnabel mit den silbernen Pailletten. Zur hübschen Verzierung am Hals legen Sie eine kleine Schleife an und drehen aus dem Biegeplüsch einen Ohrwärmer, damit der Pinguin sich keine Erkältung holt.

23

SEEHUND

Material
- *Styropor-Seehund*
- *ca. 1000 schwarze Magic-Pailletten, 6 mm Ø (wirken silberfarben)*
- *runde Wackelaugen, 10 mm Ø*
- *Schnäuzchen*

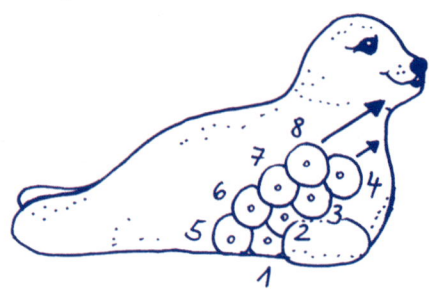

Anleitung

Der Seehund ist besonders bei kleineren Kindern beliebt, da es nicht so schwierig ist, ihn mit Pailletten hübsch zu verzieren.

Beginnen Sie im Knick/in der Falte der rechten Flosse mit dem diagonalen Anlegen der Pailletten. Stecken Sie schräg von unten nach oben am Hals entlang bis zum Schnäuzchen. Sie können das Muster noch interessanter wirken lassen, indem Sie einen leichten Bogen einarbeiten. Auch hier ist dann dadurch die nahtlose Struktur vorgegeben. Die folgenden Reihen stecken Sie wieder ab der Flosse oder gegebenenfalls vom Bauch. Dadurch ziehen Sie automatisch Ihr Muster über Rücken und Kopf. Nun gelangen Sie zum Schwanz. Dort gehen Sie wie eben beschrieben vor. Bald darauf kommen Sie automatisch auf die andere Seite des Seehundes und reichen bis zur linken Brustseite. Von dort ziehen Sie Ihr Muster solange, bis die Brust bedeckt ist. Die Flossen bestücken Sie Reihe für Reihe bis zu den Spitzen.

Nun kleben Sie die Wackelaugen und das Schnäuzchen an. Damit ist der Seehund fertig.

Tipp

Wenn Sie möchten, können Sie aus Pfeifenputzer einen Schnurrbart befestigen.

KLEINE ENTE

Material

- kleine Styropor-Ente
- ca. 400 gelbe Magic-Pailletten, 6 mm Ø
- ca. 500 grüne Magic-Pailletten, 6 mm Ø
- ca. 800 schwarze Magic-Pailletten, 6 mm Ø (wirken silberfarben)
- runde Wackelaugen, 7 mm Ø

Anleitung

Die Füße und den Schnabel verzieren Sie mit den schwarzen Magic-Pailletten, indem Sie Reihe für Reihe stecken, einmal vom Schnabel zur Schnabelspitze und bei den Füßen vom Bauch zu den Fußspitzen hin. Auf den Wangen setzen Sie mit derselben Farbe je 5 Pailletten zu einem kleinen Streifen. Als Hals befestigen Sie die grünen Magic-Pailletten senkrecht hoch in Richtung Schnabel und umranden damit auch die Augen. Dann arbeiten Sie mit den gelben Pailletten weiter, indem Sie auf dem Kopf ein ovales Muster anbringen und anschließend Reihe für Reihe um den Bauch von unten nach oben stecken. Nun folgen die Flügel. Diese arbeiten Sie Reihe für Reihe wie eben beschrieben. Am Schwanzende stecken Sie 2 Reihen in Grün und je 1 in Gelb und Schwarz. Das untere Schwanzteil wird in Gelb gearbeitet.

Zum Schluss werden die Wackelaugen mit Bastelkleber befestigt.

ELEFANTENDAME

Material

- Styropor-Elefant
- ca. 4000 silberne gewölbte Pailletten, 6 mm ∅
- ca. 200 rosafarbene Magic-Pailletten, 6 mm ∅
- ca. 200 blaue Magic-Pailletten, 6 mm ∅
- ca. 200 gelbe Magic-Pailletten, 6 mm ∅
- ca. 200 grüne Magic-Pailletten, 6 mm ∅
- 1 m Spitzenband
- runde Wackelaugen, 10 mm ∅

Anleitung

Beginnen Sie mit dem Gesicht. Mittig unterhalb der Lippen setzen Sie silberne Pailletten diagonal senkrecht von unten nach oben. Ziehen Sie dieses Muster hoch über den Kopf bis zur Hilfslinie und bedecken Sie das Ohr. Die „nahtlose" Struktur kommt dadurch wieder schön zur Geltung. Die andere Gesichtshälfte bearbeiten Sie ebenso. Ist der Rüssel von Ihnen bestückt, geben Sie in den Mund und an das Rüsselende rosafarbene Magic-Pailletten. Um ihm einen noch schöneren Anblick zu verleihen, können Sie mittig auf den Rüssel im Wechsel rosafarbene, blaue, gelbe und grüne Magic-Pailletten stecken. Diesen gleichen Ablauf übertragen Sie auf die Ohrenränder.

Die Stirn verzieren Sie mit einem rautenförmigen Muster im Wechsel mit den Farben Gelb, Blau, Rosa und Grün. Dann arbeiten Sie mit den silbernen Pailletten weiter. Damit bedecken Sie die Vorder- und Hinterbeine. Auf den Vorderbeinen legen Sie die Pailletten so an, dass sie von unten nach oben bogenweise bis zum Hals aufliegen. Die Hinterbeine und den „Elefantenpopo" stecken Sie Reihe für Reihe. Den Schwanz verzieren Sie mit bunten Magic-Pailletten im Wechsel wie eben beschrieben. Dadurch wird er besser erkennbar. Die Fußnägel können Sie ebenfalls bunt bestücken.

Nun kommen Sie zu der letzten Verzierung auf dem Rücken des Elefanten. Die Decke umranden Sie in der vorgegebenen ovalen Form. Beginnen Sie mit den rosafarbenen Magic-Pailletten, dann folgen grüne, gelbe und blaue, solange, bis die Decke fertig ist. Zum Schluss geben Sie der Decke noch einen Rand aus blauen Magic-Pailletten. Nachdem Sie um die „Gürtellinie" einen Spitzenrand angelegt haben, der als Röckchen dient, stecken Sie oberhalb des Randes blaue Magic-Pailletten.

Zum Schluss kleben Sie die Wackelaugen an. Nun kann die Elefantendame im Zirkus ihre berühmte „Trompetennummer" darbieten.

27

FROSCH

Material

- Styropor-Frosch
- ca. 1500 grüne Magic-Pailletten, 6 mm Ø
- ca. 1000 blaue Magic-Pailletten, 6 mm Ø
- ca. 100 rote Magic-Pailletten, 6 mm Ø
- ca. 20 gelbe Magic-Pailletten, 6 mm Ø
- ca. 50 weiße Pailletten, 8 mm Ø
- runde Wackelaugen, 15 mm Ø
- 1,5 m weißes Spitzenband

Anleitung

Nach dem Vorzeichnen der Jacke, des Hemdes und der Fliege beginnen Sie am Hals, mit den grünen Magic-Pailletten Reihe für Reihe zu stecken. Ziehen Sie dieses Muster über den Kopf hinweg bis zum hinteren Halsrand.

Nun folgen die Schenkel. Am unteren linken Arm entlang der Jacke setzen Sie die Pailletten bis zur Rückenmitte. Auf

der anderen Seite gehen Sie ebenso vor, nur in entgegengesetzter Richtung. Die blauen Magic-Pailletten legen Sie diagonal senkrecht hoch, um der Jacke das Muster zu verleihen.

Für den Kragen des Hemdes und am Bauch unter der Fliege verwenden Sie weiße Pailletten. Die Fliege schmücken Sie mit roten Magic-Pailletten. Geben Sie in die Fliege drei gelbe Magic-Pailletten, um die vier Falten besser hervorzuheben.

Zum Schluss befestigen Sie noch einmal vier gelbe Pailletten, die als Knöpfe an der Jacke dienen.

Hals und Ärmel können Sie mit einem Spitzenband hübsch verzieren. Kleben Sie nun noch die Wackelaugen an.

Jetzt fehlt Ihrem Frosch nur noch die schöne Prinzessin, um ihn wachzuküssen.

PAPAGEI

Material

- Styropor-Papagei
- ca. 1000 blaue Magic-Pailletten, 6 mm Ø
- ca. 350 gelbe Magic-Pailletten, 6 mm Ø
- ca. 700 grüne Magic-Pailletten, 6 mm Ø
- ca. 350 rote Magic-Pailletten, 6 mm Ø
- ca. 350 schwarze Magic-Pailletten, 6 mm Ø (wirken silberfarben)
- runde Wackelaugen, 10 mm Ø

Anleitung

Zeichnen Sie die Stellen vor, die Sie später mit bunten Farben schmücken möchten.

Den Schnabel verzieren Sie rundherum mit roten Magic-Pailletten. Dann stecken Sie mit derselben Farbe auf die Brust zuerst 5 Pailletten, darüber 6, 7, 5, 4 und spalten diese dann zweireihig zu einem Kragen. Um die rote Brust stecken Sie gelbe Magic-Pailletten bis zu den Flügelansätzen. Darunter folgen blaue Magic-Pailletten. Sie können zusätzlich 4 gelbe zur Auflockerung des Musters einarbeiten. Die Beine werden dreireihig mit den roten Magic-Pailletten verziert und die Füße besetzen Sie mit schwarzen Magic-Pailletten, obenauf setzen Sie sechs rote, die als Krallen dienen. Den Schwanz verzieren Sie streifenweise im Wechsel mit gelben und grünen Magic-Pailletten. Die Flügel bestücken Sie nur mit den grünen Pailletten Reihe für Reihe, beginnend an der Flügelspitze in Halsrichtung, sodass die Pailletten wie Federn aufeinander liegen. Zum Schluss kleben Sie die Wackelaugen an und der wunderschöne Papagei ist fertig.

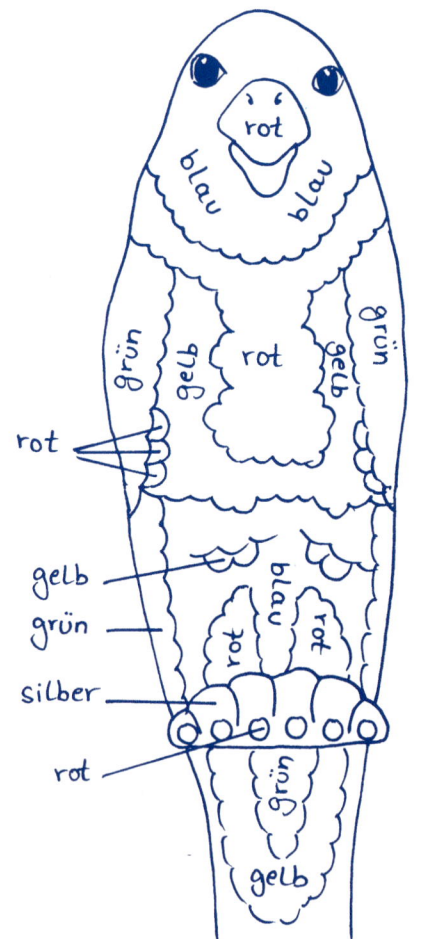

Bücher für Kreative

ISBN 3-8241-0690-6
Broschur, 32 Seiten

ISBN 3-8241-0720-1
Broschur, 32 S., Vorlagebogen

ISBN 3-8241-0767-8
Broschur, 32 S., Vorlagebogen

ISBN 3-8241-0769-4
Broschur, 32 Seiten

ISBN 3-8241-0763-5
Broschur, 32 S., Vorlagebogen

Lust auf Mehr?

Liebe Leserin, lieber Leser,

natürlich haben wir noch viele andere Bücher im Programm.
Gerne senden wir Ihnen unser Gesamtverzeichnis zu. Auch auf
Ihre Anregungen und Vorschläge sind wir gespannt.
Rufen Sie uns einfach an oder schreiben Sie uns.

Englisch Verlag GmbH
Postfach 2309 · 65013 Wiesbaden
Telefon 0611/94272 - 0 · Fax 0611/9427230
E-Mail englisch@englisch-verlag.de
Internet http://www.englisch-verlag.de